Asiatische **Nudelküche**

HÄDECKE

Asiatische
Nudelküche

Rezepte aus **China, Japan und Südostasien**

Stefanie Klein (Hrsg.)

Lizenzausgabe für Walter Hädecke Verlag
D-71263 Weil der Stadt | www.haedecke-verlag.de

www.fona.ch

LEKTORAT Léonie Schmid
DEUTSCHE REDAKTION Monika Graff
UMSCHLAG Julia Graff, Produktion & Design, Stuttgart
INHALTSKONZEPT | GESTALTUNG FonaGrafik, Sabine Jäggi
BILDER Claudia Albisser
(Seiten 49, 51, 63, 65: Andreas Thumm)
DRUCK Druckerei Uhl, Radolfzell

ISBN 978-3-7750-0589-0

Inhaltsverzeichnis

GLOSSAR

A

Algen Sie enthalten 10- bis 20-mal mehr Mineralstoffe als Wurzelgemüse.

B

Annattosamen (Achuete) Werden in der philippinischen Küche zum Färben von Speisen verwendet. Alternativ können sie durch die gleiche Menge Paprikapulver und Kurkuma ersetzt werden.

Bonitoflocken Für die Flocken werden die frischen, weniger als 3 kg schweren Fische (Bonito, Thunfischart) filetiert, gekocht, getrocknet und in Form gebracht, bevor sie eingelagert werden, damit sich ein Schimmelbelag bilden kann. Später werden die getrockneten Fische zu Flocken verarbeitet.

C

Cayennepfeffer Wird auch Chilipulver respektive roter Pfeffer genannt. Die Mischung besteht aus verschiedenen getrockneten Chilischoten.

Chiliöl Getrocknete Chilis werden in Öl erhitzt und ergeben ein scharfwürziges Öl.

Chilisauce Scharfe Sauce. Wird bei Tisch oft zum individuellen Nachwürzen verwendet.

Chili- / Pfefferschote Es gibt rote und grüne Chilischoten. Schoten mit der Spitze eines scharfen, kleinen Messers in kleinen Abständen von der Spitze zum Stielansatz einschneiden. Die an den einzelnen Streifen haftenden Samen entfernen, weiche innere Rippen wegschneiden. Für eine Dekoration halbierte Chilis eine Stunde in Eiswasser einlegen. Die Früchte rollen sich ein und bilden eine Art Blume.
Chilischoten sind reich an Vitamin A, B und insbesondere an C. Sie haben einen feurigen Geschmack. Ein sofortiges Händewaschen ist nach der Verarbeitung zwingend. Kommen die Hände mit den Augen in Kontakt, löst das ein scharfes Brennen aus.

Chinagwürz Besteht aus Zimt, Fenchelsamen, Gewürznelken, Sternanis und Szechuan-Pfeffer; wird, auch Fünf-Gewürze-Pulver genannt.

D

Daïkon Langer weißer Rettich aus Japan. Unterstützt den Fettabbau.

E

Erdnuss In Südamerika beheimatete Hülsenfrucht. Guter Eiweiß-, Eisen- und Niacinlieferant.

Essig, Reis- Aus fermentiertem Reis. Heller Essig wird zum Einlegen verwendet, dunkler, auch schwarzer Reisessig genannt, für Schmorgerichte oder Suppen. Apfelessig ist Ersatz für hellen Reisessig, Balsamico für dunklen Reisessig.

I

Ingwer Die frische Wurzel hat einen prickelnd-fruchtigen, erfrischend scharfen Geschmack.

Ingwersaft Etwa 15 cm Ingwer schälen, auf der Rohkostreibe reiben, in Baumwolltüchlein / -säckchen einfüllen und den Saft auspressen.

K

Kokosnussmilch 50 g Kokosnussraspel 10 Minuten in ½ Liter Wasser köcheln lassen. Abseihen. Ergibt 2 dl / 200 ml Kokosnussmilch.

Kokosnusscreme Eine Tasse Kokosnussflocken mit 2 Tassen heißem Wasser übergießen, 15 Minuten stehen lassen. Flocken mit einem Löffel kräftig bearbeiten. Kokosnussflocken mit Flüssigkeit in ein Baumwolltüchlein geben. Das Tuch fest drehen, Flüssigkeit auffangen. Drehen, bis keine Flüssigkeit mehr abtropft. Man bekommt eine dicke Kokosnussmilch. Für eine Creme die Kokosmilch für mehrere Stunden in den Kühlschrank stellen. An der Oberfläche setzt sich eine Fettschicht ab, welche mit dem Löffel abgeschöpft werden kann.

Koriander Es werden Wurzeln, Blätter und Körner verwendet. Mit frischem Koriander gewürzte Speisen nicht in Metallgefäßen aufbewahren.

Kurkuma / Gelbwurz Ingwerart. Intensiv gelborange. Leicht pfeffriges, warmes Aroma, etwas bitterer Nachgeschmack. Antiseptische Wirkung.

M

Mirin Aus gedämpftem Reis hergestellt. Eine bernsteinfarbene, sirupähnliche Flüssigkeit, welche das milde Aroma von Sake besitzt. Mirin hat einen mildsäuerlichen Geschmack und enthält 45 % Zucker und 14 % Alkohol.

Miso Würzpaste aus Japan. Das fermentierte eiweißreiche Sojabohnenkonzentrat ist von cremiger bis fester Konsistenz. Der Eiweißanteil beträgt je nach Sorte 12 bis 20 %. Miso ist reich an Vitamin B_{12}. Misopaste erst zum Schluss, nach dem Kochen, einrühren, damit die wertvollen Inhaltsstoffe erhalten bleiben.

Mungobohne Kleine grüne Bohnensorte aus Indien. Geeignet für die Sprossenzucht.

N

Nori Frisch und getrocknet erhältlich. Die Rotalgenart («schwarze Butter») enthält unter den Algenarten am meisten Eiweiß. Die Algen werden gegrillt oder über einer Kerzenflamme geröstetet, bis die Farbe von Schwarz oder Dunkelviolett zu Grün wechselt. Wird gekocht in Kombination mit Tamari (Sojasauce) als Würzmittel verwendet. Nori entweder sofort verbrauchen oder kühl und trocken und luftdicht verschlossen aufbewahren.

Nudeln, Chinesische, Mie-Nudeln Nudeln aus verschiedenen Grundzutaten, u. a. Eiernudeln aus Weizenmehl, die in gepresster Form als Block im Handel sind.

Nudeln, Glas- Aus Kartoffeln, Süßkartoffeln und Mais- oder Mungobohnenmehl hergestellt. Die verschiedenen Stärkeprodukte werden mit Wasser gemischt und dann durch ein feinlöchriges Sieb in kochendes Wasser gedrückt. Durch den Garprozess werden sie hart. Danach werden sie schnell gekühlt und zu dünnen trockenen Fäden gefriergetrocknet.
Die feinen, leicht durchscheinenden weißen Nudeln sind 12 bis 15 cm lang, fadenartig oder flach und dünn.

Nudeln, Reis- Das Angebot in den Asienläden reicht von zentimeterbreiten Bandnudeln bis zu haarfeinen Suppennudeln. Getrocknete Reisnudeln sind glasig, fast transparent und spröde. Im trockenen Zustand werden sie leicht mit Glasnudeln verwechselt, die vor allem aus Mungobohnenmehl hergestellt werden (siehe Glasnudeln). Nach dem Kochen haben die Reisnudeln wieder die milchigweiße Farbe von poliertem Reis.

Nudeln, Reis-, Ba mee Gelbe Nudeln aus Weizen- und Reismehl. In verschiedenen Formen erhältlich. Die häufigste Form sind dünne, zu Nestern gerollte «Spaghetti», welche vor dem Kochen auseinandergeschüttelt werden müssen.

Nudeln, Reis-, Sen lek Mittelgroße, flache Reisnudeln. Die Stadt Chanthaburi ist berühmt für diese Nudeln, daher werden sie manchmal nach dem Spitznamen für diese Stadt auch Jantaboon-Nudeln genannt.

Nudeln, Reis-, Sen mee Kleine Fadennudeln, die gelegentlich auch Reis-Vermicelli genannt werden.

Nudeln, Reis-, Sen yai Breite, flache weiße Reisnudeln. Werden manchmal auch Reisstäbe genannt. Vor dem Kochen in einzelne Stränge teilen, da sie sehr klebrig sind.

Nudeln, Shi- Weizenmehlnudeln aus China, den Spaghetti ähnlich.

Nudeln, Shirataki Nudeln aus der Wurzel der Konjacpflanze, einer Yamsart, die ursprünglich aus Japan stammt. Sie hat kaum Kalorien, dafür viele Ballaststoffe und ist für Suppen und Eintöpfe geeignet. Sie wird in vielen asiatischen Ländern verwendet, u. a. Korea, Indonesien und China. Aus der Wurzel werden auch Mehl, Gelee und ein vegetarisches Bindemittel gewonnen.

Nudeln, Soba- Buchweizennudeln mit leicht nussigem Geschmack. Den richtigen Biss bekommen sie, wenn man sie in viel Wasser einmal aufkocht und sie dann mit kaltem Wasser abschreckt; Vorgang 3-mal wiederholen. Cha-Soba sind mit Matchapulver grün gefärbte Buchweizennudeln.

Nudeln, Somen- Weizennudeln aus Japan, deren Ursprung vermutlich in China liegt. Gelten als das feine, elegante Pendant zu den eher robusten Udon-Nudeln. Somen-Nudeln sind sehr dünn und lang. Obwohl sie vielerorts von Hand hergestellt werden, ist die getrocknete Variante häufiger. Als besonders edel gelten japanische Hartweizennudeln. Sehr dünne Fäden.

Nudeln, Udon- Stammen aus Japan. Weizennudeln. Im Ursprungsland werden sie noch vielerorts von Hand hergestellt. Sie sind weiß und glänzend. Beim Essen fühlen sie sich seidig und glitschig an, haben aber dennoch genügend Biss. Getrocknete Udon-Nudeln sind flach, viereckig oder rund.

Nudeln, Wun sen- Sehr dünne Glasnudeln aus Sojamehl, werden auch als Vermicelli oder Cellophannudeln angeboten.

Pilz, Shiitake Beliebter Speisepilz, frisch und getrocknet erhältlich. Mittelgroßer, dunkler, regenschirmförmiger Hut. Besitzt auch medizinische Eigenschaften. Enthält alle essenziellen Aminosäuren, und zwar in deutlich höheren Mengen als Sojabohnen, Fleisch, Milch und Eier. Breite Palette von Vitaminen und Mineralstoffen.

Pilz, Shimeji Wächst in der freien Natur bevorzugt in Eichen- und Buchenwäldern und heißt Brauner Rasling oder Geselliger Rasling. Wenn er aus der Zucht kommt, heißt er Shimeji. Der Zuchtpilz wird in klimatisierten Räumen in Flaschen gezogen. Wächst in dichten Verbänden; die Stiele wachsen am unteren Ende zusammen. Der Hut kann hellbraun oder graubraun sein, der Stiel weiß bis blassgrau. Geschätzt wird sein guter Biss, weniger das Aroma.

P

Pfeffer, Sansho- Die getrockneten, gemahlenen Samenkapseln sind mit dem Szechuan-Pfeffer verwandt. Der Geschmack ist prickelnd, mit leichter, warmer Schärfe, zitronig-anisartig.

Pilz, Mu-Err (Wolkenohr-Pilz) Getrockneter Pilz mit dunkelbraunem bis schwarzem Hut. Von knackiger Konsistenz. Mu-Err müssen zuerst in heißem Wasser eingeweicht werden, wodurch sie das doppelte bis fünffache Volumen bekommen.

S

Sake Japanischer Reiswein, 14 bis 17 % Alkohol. Kann durch trockenen Sherry ersetzt werden. Nebst seiner Verwendung in der Küche genießt man ihn auch pur – kalt und warm.

Sambal Oelek Scharfe indonesische Würzpaste aus blanchierten roten Chilis, welche püriert und mit Salz und etwas Essig vermischt werden. Kühl aufbewahren. Sambal gibt es in verschiedenen Varianten (Sambal Manis = süße Chilipaste, Sambal Asli = mit Knoblauch usw.).

Sauce, Chili-Bohnen- Wird aus fermentierten Chilischoten, dicken weißen Bohnen und Salz hergestellt. Tief braunrote Farbe. Die Sauce kann auch fermentierte Sojabohnen oder Knoblauch enthalten. Kann extrem scharf sein.

Sauce, Fisch- Salziger, intensiver Geschmack. Würzmittel zum Kochen, auch für Salatsaucen. Farbe hell bis goldbraun. Hauptsächlich unterscheidet man thailändische (Nam Pla) und vietnamesische Fischsaucen (Nuoc Mam).

Sauce, Knoblauch-Chili- Wird aus fermentierten Chilischoten und Knoblauch hergestellt.

Sauce, Hoi-Sin- Aus gesalzenen gelben Sojabohnen, Essig, Zucker, Sesamöl, Knoblauch, Salz, Chilis, Sternanis und rotem Reis (gibt der Sauce die Farbe). Für Marinaden und Dipsaucen.

Seitan Eiweißkonzentrat (Gluten) aus Weizen, in der Küche ähnlich eingesetzt wie Tofu (Fleischersatz). Seitan selber herstellen: 1 kg Vollkornweizenmehl, 2 Msp Salz sowie etwa ½ l lauwarmes Wasser zu einem elastischen Teig kneten. Schüssel mit einem Küchentuch zudecken und den Teig 2 Stunden ruhen lassen. Dann kleine Teigportionen unter fließendem kaltem Wasser mit beiden Händen kräftig kneten und pressen, als ob man ein Stück Stoff wäscht. So lange waschen, bis das Wasser klar ist. Durch diesen Vorgang wird die Stärke ausgewaschen. Das Produkt ist eine gummiähnliche Masse, das Eiweiß, auch Gluten (Kleber) genannt. Den Seitan etwa 1 Stunde in einer schwachen Gemüsebrühe in einem großen Topf (der Seitan quillt stark auf) köcheln lassen. Auskühlen lassen. Das «Abkochen» ist wichtig. Es macht das Eiweißkonzentrat leichter verdaulich und länger lagerfähig. Gekochter Seitan ist im Kühlschrank 2 bis 3 Tage haltbar. Seitan vor der Weiterverarbeitung in ein großes Tuch einschlagen, in eine große Schüssel legen. Mit einem flachen Teller beschweren, auf den man eine mit Wasser gefüllte Schüssel (2 bis 3 Liter) stellt. Durch das Beschweren wird die Restflüssigkeit im Seitan besser ausgeschieden. 1 Stunde oder länger stehen lassen. Wenn man den Seitan sofort verwertet, erübrigt sich ein «Abkochen». Man lässt ihn lediglich 30 Minuten im Wasser ruhen. Seitan ist auch im Bioladen und Reformhaus erhältlich.

Sojasauce Man unterscheidet zwischen hellen salzigen und dunklen süßlichen Saucen. Die Sauce wird aus fermentierten Sojabohnen, Weizen oder Gerste, Salz und oft auch unter Beigabe von Hefe hergestellt. Die Sojasauce ist in fernöstlichen Küchen das älteste Würzmittel.

Sojasprossen Sind im Handel frisch erhältlich. Die Sprossen können auch selbst gezogen werden: Sojabohnen einige Stunden in lauwarmem Wasser einlegen. Im Keimapparat oder in einem Einmachglas an einem dunklen Ort mindestens 3 Tage keimen lassen. 2-mal täglich unter fließendem kaltem Wasser spülen, damit die Sprossen nicht schimmeln.

T

Tofu Kann aus gelben, weißen oder grünen Sojabohnen hergestellt werden. Dazu werden die frischen Bohnenkerne über Nacht eingeweicht, anderntags gekocht und zu einer joghurtähnlichen Masse zerstampft, bevor Bohnenmilch und -brei getrennt werden. Die warme Bohnenmilch wird mit einem Gerinnungsmittel versetzt und dann in eine Form gegossen, die zuvor mit einem feinen Baumwolltuch ausgelegt wird. Die Flüssigkeit fließt ab, im Tuch bleibt der Tofuquark zurück. Der nach diesem Verfahren hergestellte Tofu hat auf der Unterseite die Struktur des Baumwollgewebes (baumwollgesiebter Tofu).
Der feinere, weichere Tofu wird aus dickerer Bohnenmilch hergestellt und die Flüssigkeit nicht abgegossen. Er heißt seidengesiebter Tofu.
Baumwollgesiebter Tofu ist leicht gebrochen weiß und fest genug, dass man ihn als Ganzes in der Hand halten kann. Seidentofu ist ganz weiß, sehr weich und bröselig.
Der Tofu ist reich an Eisen, Kalzium und Vitaminen der B-Gruppe. Er ist leicht verdaulich, zudem eiweißreich.

Tofu, gefroren Der Gefrierprozeß macht den Tofu elastisch und fest, er lässt sich danach gut pressen und fällt auch nach längerem Kochen nicht auseinander. Er ist angenehm weich und erinnert je nach Zubereitung an ein zartes Fleischstück.

W

Wakamealgen Unserem «normalen» Gemüse geschmacklich am ähnlichsten. Gut für Haare, Nägel, Haut und Leber.

Wasserkastanie, Chinesische
Knolle eines Riedgrases, welches in sumpfigem Gelände vor allem in Südchina, in Indien und auf den Philippinen kultiviert wird. Die geschälten Knollen haben eine knusprige Konsistenz und dürfen nicht mit der Wassernuss verwechselt werden, der Frucht eines Weiderichgewächses, die außer in Asien auch in Europa beheimatet ist. Wasserkastanien gibt es in Dosen oder tiefgekühlt. Sie bleiben nach dem Kochen knackig.

Abkürzungen

EL	gestrichener Esslöffel
TL	gestrichener Teelöffel
DL	Deziliter
ML	Milliliter
Msp	Messerspitze

Nudelsorten

1 Eiernudeln
2 Eiernudeln, mittel
3 Eiernudeln, fein
4 Soba
5 Somen
6 Udon
7 Reisnudeln, fein
8 Reisnudeln, mittel
9 Glasnudeln

9
8
7
6
5

Suppen

für 4 Personen

400 g Udon-Nudeln
1 TL Öl
2 Entenbrüste
300 g sehr junger Lauch

1 l Dashi-Brühe, Seite 79
4 EL Sake
4 EL Zucker
4 EL Mirin
4 EL Sojasauce
1 TL Salz

Nudelsuppe mit Entenbrust

1 Einen Topf voll Wasser erhitzen, Udon-Nudeln zugeben, aufkochen, eine Tasse kaltes Wasser dazugießen, erneut aufkochen, Udon-Nudeln in ein Sieb abgießen, unter fließendem kaltem Wasser abspülen.

2 Die Haut der Entenbrüste einige Male einschneiden.

3 Den Lauch in 3 bis 4 cm lange Stücke schneiden.

4 Das Öl in einer weiten Bratpfanne erhitzen, die Entenbrüste mit der Hautseite unten bei mittlerer Hitze 5 bis 7 Minuten braten, wenden und weitere 3 Minuten braten. Das Fleisch aus der Pfanne nehmen, kurz ruhen lassen, in Scheiben schneiden.

5 Lauch in der Fleischpfanne etwa 2 Minuten dünsten.

6 Dashi-Brühe mit den Gewürzen aufkochen, Nudeln, Entenfleisch und Lauch zugeben, erhitzen. In Suppenschalen anrichten.

Mahlzeit für 1 Person

1 Schweinesteak, 150 g
2 EL Hoi-Sin-Sauce

80 g Udon-Nudeln (Dan mian)

½ l Hühnerbrühe
3 getrocknete Tongkupilze (Shiitake-)
80 g Chinakohl, in Streifen
3 EL helle Sojasauce
3 EL Reiswein oder trockener Sherry
2 EL Reisessig
40 g Sojasprossen
50 g Frühlingszwiebeln, in Streifen
1 Prise Salz
frisch gemahlener Pfeffer

Koriander für die Garnitur

Nudelsuppe
mit gebratenem Schweinefleisch

1 Schweinesteak mit der Hoi-Sin-Sauce beträufeln, über Nacht im Kühlschrank zugedeckt marinieren.

2 Pilze im heißen Wasser einweichen, gut ausdrücken, Stiele entfernen.

3 Einen Topf voll Wasser erhitzen, Udon-Nudeln zugeben, aufkochen, eine Tasse kaltes Wasser dazugießen, erneut aufkochen, 2 Minuten köcheln lassen. Udon-Nudeln in ein Sieb abgießen, unter fließendem kaltem Wasser abspülen.

4 Grillpfanne aufheizen, mariniertes Fleisch etwa 5 Minuten von jeder Seite braten. Zugedeckt beiseite stellen.

5 Hühnerbrühe im Wok oder in einem Topf aufkochen, Pilze und Chinakohl zufügen, mit Sojasauce, Reiswein und Reisessig würzen. Nudeln, Sojasprossen und Frühlingszwiebeln zugeben, nach Belieben abschmecken.

6 Zum Servieren etwas Nudelsuppe in den Teller geben. Schweinesteak in Scheiben schneiden und auf die Nudeln legen, mit Koriander garnieren.

Vorspeise für 4 Personen

2 EL Sesam- oder Olivenöl
1 kleine Zwiebel
150 g Shiitake
1 Knoblauchzehe
200 g Gemüsestreifen, z. B. Karotten, Zucchini, Peperoni / Paprikaschote, Wirz / Wirsing oder Weißkabis / -kohl, Tomaten
1,2 l Hühnerbrühe
100 g Glasnudeln (Cellophan-Nudeln)
2 EL Sojasauce
1 TL frisch geriebener Ingwer
Cayennepfeffer
Meersalz
einige Annattosamen zum Färben

Von den Philippinen

Hühnerbrühe
mit Glasnudeln und Shiitake

1 Stiele der Shiitake entfernen, Pilzhüte in Streifen schneiden. Zwiebel und Knoblauchzehe schälen und fein würfeln.

2 Zwiebeln im Öl andünsten, Shiitake, Knoblauch und Gemüsestreifen beifügen, 5 Minuten dünsten. Hühnerbrühe zugeben, aufkochen. Glasnudeln mit einer Schere in etwa 4 cm lange Stücke schneiden, 5 Minuten in der Brühe mitkochen. Mit Sojasauce, Ingwer, Cayennepfeffer und Salz abschmecken.

22
23

Mahlzeit für 4 Personen

1 Tasse Sojasprossen
250 g Ba-Mee-Nudeln
1 EL Öl
1 kleine Knoblauchzehe, fein gewürfelt
150 g Tofuwürfelchen
1½ l kräftige Gemüsebrühe
1 EL Sojasauce
1 EL gehackte Petersilie
1 Frühlingszwiebel, fein gewürfelt

1 Schälchen Chilipulver
gehackte Erdnüsse
eingelegte Chilischoten

Nudelsuppe mit Tofu

1 Sprossen im Dampf 2 bis 3 Minuten blanchieren, auf die Suppenteller verteilen.

2 Ba-Mee-Nudeln in reichlich Wasser solange kochen, bis sich die Nudeln voneinander gelöst haben, zu den Sojasprossen geben.

3 Knoblauch und Tofu im Öl braten, auf die Teller verteilen.

4 Gemüsebrühe aufkochen, mit der Sojasauce würzen, auf die Teller verteilen. Mit Petersilie und Frühlingszwiebeln bestreuen.

Tipp Suppe am Tisch mit den Beilagen individuell abschmecken.

Vorspeise für 4 Personen

2 EL Öl
2 EL Chinagewürz
2 rote Chilischoten
1 Bund Frühlingszwiebeln
3 Knoblauchzehen
1 l Wasser
1 EL Sojasauce
1 EL vegetarische Austernsauce
200 g Blumenkohl
200 g Chinakohl
1 großer Rettich
100 g Mie-Nudeln

GEMÜSE-NUDEL-SUPPE

1 Chilischoten aufschneiden und entkernen, Schotenhälften in Streifen schneiden. Zwiebeln fein würfeln, das Grün in Ringe schneiden. Knoblauch fein würfeln. Blumenkohl in die einzelnen Röschen zerlegen. Chinakohl in breite Streifen schneiden. Rettich schälen und in feine Scheiben schneiden.

2 Öl erhitzen, Chinagewürz und Chilistreifchen zugeben, ein paar Minuten dünsten, Zwiebeln und Knoblauch zugeben, mit dem Wasser ablöschen, aufkochen, Soja- und Austernsauce, Blumenkohl, Chinakohl und Rettich zugeben, bei schwacher Hitze 5 Minuten köcheln lassen, Nudeln zugeben, al dente kochen.

Mahlzeit für 4 Personen

200 g Udon-Nudeln
1½–2 l Gemüse- oder Dashi-Brühe, Seite 79
4 EL Sake
4 EL Sojasauce
1 TL Zucker
1 Streifen Wakamealgen
4 große Karotten
1 Bund Frühlingszwiebeln
300 g erntefrischer kleinblättriger Spinat
400 g weicher Tofu, gewürfelt
2 EL Misopaste

Miso-Nudel-Suppe mit Tofu

1 Einen Kochtopf voll Wasser erhitzen, Udon-Nudeln zugeben, aufkochen, eine Tasse kaltes Wasser dazugießen, wieder aufkochen, Udon-Nudeln in ein Sieb abgießen und unter fließendem kaltem Wasser abspülen.

2 Die Karotten schälen, mit dem Sparschäler Streifen abziehen, längs in feine Streifen schneiden. Frühlingszwiebeln in Scheiben, Zwiebelgrün in Ringe schneiden.

3 Gemüsebrühe mit Sake, Sojasauce, Zucker, Wakamealgen sowie Karotten aufkochen, bei schwacher Hitze 1 bis 2 Minuten köcheln lassen. Zwiebeln und Spinat zugeben, aufkochen, Udon-Nudeln und Tofu zugeben, erhitzen. Mit Misopaste würzen. Wakamealgen bei Bedarf in Streifen schneiden.

Mahlzeit für 4 Personen

300 g Udon-Nudeln
600 g Mischgemüse, z. B. Lauch, Chinakohl, grüne Bohnen, Karotten, Bambussprossen, evtl. Navets (kleine Rüben), Pilze, Wakamealgen
2 l kräftige Gemüsebrühe

Udon-Nudeln
mit buntem Gemüse

1 Einen Topf voll Wasser erhitzen, Udon-Nudeln zugeben, aufkochen, eine Tasse kaltes Wasser dazugießen, erneut aufkochen, Udon-Nudeln in ein Sieb abgießen und unter fließendem kaltem Wasser abspülen.

2 Gemüse putzen, je nach Sorte in Streifen oder Scheiben schneiden. Wakame 15 bis 20 Minuten in kaltes Wasser legen, dann gut abspülen und in hauchdünne Streifen schneiden.

3 Gemüsebrühe in einem feuerfesten Topf oder in einem Fonduetopf auf einem Rechaud am Siedepunkt halten. Gemüse und Nudeln in der Brühe bissfest garen. Jeder nimmt mit dem Suppenschöpfer Nudeln, Gemüse, Pilze und Algen aus der Brühe.

Varianten Die Brühe kann individuell mit Sojasauce nachgewürzt werden. In asiatischen Lebensmittelläden sind verschiedene Gewürzmischungen, erhältlich. Auch Seitan- und Tofustückchen eignen sich zum Garen in der Brühe.

für 12 Suppenschalen	
	ca. 1 kg Markknochen und andere Knochen vom Rind
	500–700 g Ochsenschwanz oder Beinfleisch vom Rind
	300 g Rinderfilet, gut gelagert
	1 große Zwiebel
	ca. 60 g frischer Ingwer
	6–7 Sternanis
	3 Gewürznelken
	2 cm Zimtstange oder
	2 TL Fünf-Gewürze-Pulver
	500 g Reisnudeln
	wenig Öl
	Salz
	1 großes Bund Koriander
	1 kleine Zwiebel
	3 Frühlingszwiebeln
Beilagen	300 g Sojasprossen
	2 Limetten, in feinen Scheiben
	2 rote Chilischoten
Saucen	Hot-Chili-Sauce, Tuong ot
	Hoi-Sin-Sauce, Tuong ngot oder Sauce nach Belieben

Pho – die berühmte Suppe aus Hanoi

1 Zwiebel vierteln. Ingwer schälen, in feine Scheiben schneiden. Zwiebeln und Ingwer in einer Bratpfanne trocken rösten.

2 Knochen und Ochsenschwanz mit kaltem Wasser abspülen, in einen großen Kochtopf geben, mit kaltem Wasser auffüllen, aufkochen, Schaum abschöpfen, Zwiebeln und Ingwer zugeben, Hitze reduzieren, Suppe etwa 3 Stunden leise köcheln lassen. Gewürze zugeben, eine weitere Stunde köcheln lassen. Suppe abkühlen lassen. Nochmals erhitzen. Knochen und Ochsenschwanz herausnehmen. Knochen wegwerfen. Fleisch von den Knochen lösen und zerpflücken. Ein feinlöchriges Sieb mit einem Küchentuch auslegen, Suppe passieren.

3 Reisnudeln 30 bis 50 Minuten in lauwarmem Wasser einweichen. 3 Liter Wasser mit etwas Öl und Salz aufkochen, Reisnudeln zugeben, 3 Minuten garen, vorsichtig rühren. Nudeln in ein Sieb abgießen, mit kaltem Wasser abspülen, abtropfen lassen.

4 Korianderblättchen von den Stielen zupfen. Zwiebel fein würfeln. Frühlingszwiebeln in feine Ringe schneiden. Kräuter mit den Zwiebeln mischen.

5 Brühe erhitzen. Rinderfilet in sehr feine Scheiben schneiden und in der Brühe kurz pochieren.

6 Reisnudeln in vorgewärmte Suppenschalen geben. Zerpflücktes Fleisch und Filetscheiben darauflegen, Kräuter-Zwiebel-Mischung darüberstreuen, mit kochendheißer Brühe übergießen. Beilagen separat servieren.

Zum Rezept Das «Nationalgericht» Vietnams kann entweder mit Rind (Pho tai) oder mit Hühnerfleisch (Pho ga) zubereitet werden. Das Geheimnis jeder Pho ist die Würzmischung, die jeder «Pho-Meister» anders zusammenstellt.

Vegetarische Mahlzeiten

für 2 Personen	240 g Soba-Nudeln 1 TL Sesamöl
	2 EL Erdnussöl 2 Knoblauchzehen, fein gewürfelt 10 getrocknete Mu-Err-Pilze 10 getrocknete Tomaten 1 Handvoll schwarze Oliven, entsteint
Reisessig-Dressing	4 EL geröstetes Sesamöl 4 EL Reisessig oder Mirin 4 EL helle Sojasauce
	6 EL geröstete weiße Sesamsamen 2–3 EL fein geschnittene Minze oder Shiso (Perilla)

Soba-Nudeln
mit Pilz-Tomaten-Mix

1 Die Pilze 20 Minuten in heißem Wasser einweichen, gut ausdrücken, Stiele entfernen, Hüte in Streifen schneiden.

2 Getrocknete Tomaten in heißem Wasser einweichen, gut ausdrücken.

3 Soba-Nudeln gemäß Packungsbeschrieb kochen, in ein Sieb geben, mit kaltem Wasser abschrecken. Mit dem Sesamöl mischen.

4 Wok oder Rührbratpfanne stark erhitzen, Öl, Knoblauch, Mu-Err-Pilze und Tomaten zugeben, 1 Minute rührbraten.

5 Soba-Nudeln, Pilz-Tomaten-Mix, Oliven und Reisdressing mischen. Kühl stellen.

6 Das Nudelgericht vor dem Servieren mit den Sesamsamen und der Minze garnieren.

für 4 Personen

400 g gekochte Somen-Nudeln
2 dl / 200 ml Öl
200 g Pilze, in feinen Scheiben
4 Frühlingszwiebeln, in Ringen
6 Schalotten, fein gewürfelt
4 Knoblauchzehen, in feinen Scheiben
3 cm Ingwer, in zündholzdicken Streifchen
1 rote Chilischote, längs halbiert, entkernt, in zündholzdicken Streifchen
300 g Chinakohl, fein geschnitten
2 EL Sojasauce
1 TL Rohrohrzucker
1 TL Gomasio
frisch gemahlener Pfeffer

Öl
frisches Basilikum oder Shiso (Perilla), Blättchen abgezupft, in Streifchen
kleine Zwiebeln oder Schalotten, zum Rösten
rote Chilischoten, in zündholzdicken Streifchen

Aus Japan

Gebratene Nudeln mit Chinakohl

1 Röstzwiebeln: Zwiebeln in sehr feine Streifen schneiden und in viel Öl bräunen. Auf Küchenpapier abtropfen lassen. Die Zwiebeln sollen schön knusprig sein. In einem luftdichten Behälter warmhalten.

2 Nudeln im Öl in zwei Portionen knusprig braten.

3 Öl abermals erhitzen, Pilze anbraten, Zwiebeln, Schalotten, Knoblauch, Ingwer und Chili 2 Minuten mitbraten, Chinakohl, Sojasauce, Rohrohrzucker und Gomasio unterrühren, mit Pfeffer abrunden.

4 Basilikum, geröstete Zwiebeln und Chilistreifen separat servieren.

für 4 Personen

300 g Soba-Nudeln
6½ dl / 650 ml Gemüsebrühe
5 EL Sojasauce
4 EL Mirin
1 TL Zucker
3 Noriblätter, geröstet

Wasabipaste oder fein geriebener Meerrettich
fein geriebener Ingwer
Gemüsemischung: Würfelchen von Lauch, Frühlingszwiebeln und Daïkon

Kalte Soba-Nudeln

1 Die Soba-Nudeln in der Gemüsebrühe bei schwacher Hitze 2 bis 3 Minuten köcheln lassen. Mit einem Schaumlöffel aus der Brühe nehmen und unter kaltem Wasser abschrecken. Gut abtropfen lassen.

2 Gemüsebrühe, Sojasauce, Mirin und Zucker erhitzen, 20 Minuten ziehen lassen. Die Sauce in eine Schüssel füllen und diese in eine mit Eiswürfeln gefüllte Schale stellen.

3 Nori über den Nudeln zerkrümeln und untermischen.

4 Wasabipaste, Ingwer und Gemüsemix in Schälchen anrichten.

5 Nudeln am Tisch in die kalte Sauce dippen, mit den Beilagen genießen.

für 4 Personen

250–300 g Naeng Myon
(koreanische Nudeln)
1 dl / 100 ml Öl
2 TL fein gewürfelter Knoblauch
2 Tassen Sojasprosssen
6 Frühlingszwiebeln, fein gewürfelt
4 EL Sojasauce oder
1 EL Bohnensauce und helle Sojasauce
Meersalz
1 Bund Petersilie,
Blättchen abgezupft und gehackt
Chilipulver

Kim Chi

Nudeln
mit Zwiebeln und Kim Chi

1 Nudeln in reichlich Salzwasser al dente kochen, in ein Sieb abgießen, mit kaltem Wasser abschrecken.

2 Knoblauch im Öl bräunen, Sojasprossen und Zwiebeln kurz mitbraten, Nudeln und Sojasauce zugeben, mit Salz abschmecken, braten, bis die Nudeln Farbe angenommen haben, Petersilie unterrühren, mit Chili nachwürzen. Mit Kim Chi garnieren.

Kim Chi Gemüse, z. B. zerkleinerten Chinakohl und Rettich, mit Salz schichtweise in einem Behälter einige Stunden ziehen lassen. Dann eine Marinade aus feingehacktem Gemüse, Gewürzen und Sojasauce zubereiten und mit einer sämig gekochten Masse aus Klebereismehl und Wasser mischen, mit Sesamkörnern und zerstoßenem Pfeffer abrunden, unter das Gemüse mischen. Das Gemüse in einen Steinguttopf füllen, verschließen und mit Steinen beschweren. Je nach Temperatur 3 bis 5 Tage ziehen lassen. Angebrochenes Kim Chi im Kühlschrank aufbewahren.

für 4 Personen

1–2 EL Erdnussöl
1 TL Sesamöl
2 cm Ingwer, fein gewürfelt
2 Knoblauchzehen, fein gewürfelt
2 EL rote Currypaste
1 Bund Frühlingszwiebeln
200 g Kefen / Zuckerschoten
200 g Karotten
3 Spross Stangensellerie
1 Msp Rohrohrzucker
1 EL Sojasauce
½ dl / 50 ml Gemüsebrühe
1 rote Chilischote
200 g mittelgroße Reisnudeln, Sen lek
1 Limette
Salz

Reisnudeln
mit buntem Gemüse

1 Reichlich Salzwasser erhitzen, Reisnudeln zugeben, unter dem Siedepunkt 5 Minuten ziehen lassen (das Wasser darf nicht kochen). In einem Sieb abtropfen lassen.

2 Zwiebeln in feine Scheiben schneiden. Bei den Kefen den Stielansatz entfernen, gleichzeitig den zähen Faden abziehen. Karotten schälen und klein würfeln. Stangensellerie wenn nötig schälen, Stangen in Scheiben schneiden. Chilischote längs aufschneiden, entkernen, Schotenhälften in Streifchen schneiden. Limette großzügig schälen, die weiße Haut ebenfalls entfernen, Fruchtfleisch in Würfelchen schneiden, Kerne entfernen.

3 Öle in einem Wok oder in einer weiten Bratpfanne erhitzen, Ingwer und Knoblauch zugeben und goldgelb braten. Currypaste unterrühren, kurz mitrösten. Zwiebeln und Gemüse zugeben, bei starker Hitze unter Rühren bissfest garen. Zucker, Sojasauce, Gemüsebrühe und Chilistreifen unterrühren, Nudeln zugeben, gut mischen, erhitzen, mit Salz abschmecken. Limettenwürfelchen darüberstreuen.

für 2 Personen

Öl
200 g Chinesische Nudeln
200 g Seitan, in Streifen
500 g gemischtes Gemüse: Karotten, rote und gelbe Peperoni / Paprikaschote, Stangensellerie, Wasserkastanien oder Gingkonüsse, Sojasprossen
Koriander

Marinade

1 EL Sojasauce
1 EL Öl
1 EL Weißwein oder trockener Sherry
1 Knoblauchzehe, durchgepresst
1 TL fein gewürfelter Ingwer
1 Msp Salz
2 Msp Chinagewürz oder 5-Gewürze-Pulver

Sauce

4 dl / 400 ml Gemüsebrühe
2 EL Maisstärke
2 TL Sojasauce
1 TL Sesamöl

Nudeln
mit Seitan und buntem Gemüse

1 Marinade zubereiten, Seitanstreifen zugeben, mischen, einige Stunden oder über Nacht zugedeckt marinieren.

2 Karotten schälen, in feine Stäbchen schneiden. Peperoni halbieren, Stielansatz, Kerne und weiße Rippen entfernen, Schotenhälten quer in Streifen schneiden. Grobfasrige Teile beim Stangensellerie mit dem Sparschäler entfernen, Stangen in Scheiben schneiden.

3 Nudeln in viel Salzwasser al dente kochen, in ein Sieb abgießen und mit kaltem Wasser abschrecken. In der Bratpfanne ein wenig Öl erhitzen, Nudeln unter Rühren knusprig braten. Im Ofen bei 70 °C warm halten.

4 Maisstärke mit einigen Esslöffeln Gemüsebrühe glattrühren, mit den restlichen Zutaten unter Rühren aufkochen, Sauce auf die gewünschte Konsistenz einkochen lassen.

Fortsetzung Seite 44

Fortsetzung von Seite 42

5 Wok oder Bratpfanne aufheizen, Seitan mit ein wenig Öl zugeben und 30 Sekunden pfannenrühren, in eine Schüssel füllen. Nochmals ein wenig Öl in den Wok geben, einige Prisen Salz auf das Öl streuen, Gemüse und Sprossen zugeben, unter Rühren knackig garen. Sauce am Pfannenrand entlang zugießen, rühren, bis die Sauce kocht. Seitan zugeben, kurz weiterrühren. Abschmecken. Über die gebratenen Nudeln verteilen. Mit Korianderblättchen garnieren.

für 4 Personen

300 g dünne Reisnudeln, Sen mee (Reis-Vermicelli)
3 EL Öl
1 EL fein gewürfelter Knoblauch
3 Frühlingszwiebeln, das Weiße fein gewürfelt, Grün fein geschnitten
2 EL Erdnussöl
300 g frischer Tofu oder Seitan, in Streifen
1 TL Chilipulver
500 g Bambussprossen
3 EL Sojasauce
Palmzucker nach Belieben

Koriander für die Garnitur
Frühlingszwiebeln für die Garnitur, fein gewürfelt
½ Tasse gesalzene Erdnüsse oder geröstete Wasserkastanien

Reisnudeln mit Tofu und Bambussprossen

1 Die Reisnudeln 10 Minuten in lauwarmem Wasser einweichen, in ein Sieb abgießen, mit einem feuchten Tuch zudecken, 20 Minuten stehen lassen.

2 Knoblauch und Zwiebelwürfelchen im Öl bräunen, Reisnudeln beigeben, unter Rühren braten. Herausnehmen.

3 Tofu oder Seitan mit Chili im Öl braten, Nudeln beigeben, mischen. Warm stellen.

4 In wenig Öl Bambussprossen und Frühlingszwiebelgrün 3 Minuten braten, mit Sojasauce und Palmzucker würzen, mit dem Tofu- oder Seitan-Nudel-Gericht mischen. Anrichten. Erdnüsse darüberstreuen, garnieren mit Frühlingszwiebeln und Koriander.

für 2 Personen	15 g getrocknete Wakamealgen 1 Salatgurke Meersalz 150 g Gewürztofu 200 g gekochte Soba-Nudeln 1 EL Chilipulver 3 Knoblauchzehen, fein gewürfelt 2 TL Zucker 4 EL Reis- oder Apfelessig 2 Bund Frühlingszwiebeln, fein geschnitten
Gewürztofu-Grundrezept	600 g frischer Tofu, gewürfelt 15 cm Ingwerwurzel ½ TL Meersalz 3 EL Sojasauce 2 Knoblauchzehen, durchgepresst Sesamöl zum Braten

Nudel-Tofu-Salat mit Wakame

1 Für den Gewürztofu Ingwer schälen und auf einer feinen Reibe reiben, auf ein Baumwolltüchlein geben und auspressen, den Saft auffangen, mit den übrigen Gewürzen mischen. Tofu in Würfelchen schneiden, mit der Marinade mischen. 4 Stunden marinieren.

2 Wakame 15 bis 20 Minuten in kaltes Wasser legen, unter kaltem Wasser abspülen, in kleine Stücke schneiden, im Dampf kurz garen. Salatgurke schälen und in Streifen schneiden, mit Salz bestreuen, ein paar Minuten stehen lassen. Flüssigkeit weggießen.

3 Tofu im Öl braten.

4 Sämtliche Zutaten mischen, ein paar Minuten ziehen lassen.

46
47

für 4 Personen

150 g dünne Reisnudeln (Sen mee) oder Fadennudeln aus Sojamehl (Wun sen)
150 g Tofu, klein gewürfelt
Frittieröl

8 schwarze Pfefferkörner
2 Schalotten
1 große rote Chilischote
½ TL Salz
6 EL Kokosnusscreme
3 EL Gemüsebrühe oder Wasser
1 TL Zucker
½ TL Chilipulver
2 EL Sojasauce

100 g Sojasprossen
1 Frühlingszwiebel, fein gewürfelt

Koriander für die Garnitur

AUS THAILAND

REISNUDELN
MIT TOFU UND SPROSSEN

1 Reisnudeln in kaltem Wasser 20 Minuten einweichen, abtropfen lassen.

2 Tofuwürfelchen frittieren.

3 Schalotten fein würfeln, Chilischote in Streifen schneiden, mit Pfeffer und Salz im Mörser zu einer Paste zerstoßen.

4 Kokoscreme in einem Topf oder im Wok leicht erwärmen, nicht kochen, Gemüsebrühe, Zucker, Chilipulver, Sojasauce sowie Gewürzpaste (3) unterrühren.

5 Reisnudeln auseinanderziehen und zur Sauce geben, köcheln lassen, bis sie gar sind. Tofu, Sprossen und Zwieblen untermischen, mit Koriander garnieren.

Variante Die Reisnudeln durch hellgelbe Ba-Mee-Nudeln (aus Weizen- und Reismehl) ersetzen.

für 4 Personen

150 g dünne Reisnudeln, Sen mee
reichlich Erdnussöl

300 g Seitan
1 EL grüne Currypaste (Fertigprodukt)
1 EL Wasser
1 EL Essig
1 EL Sojasauce
1 EL Zucker
1 EL Limettensaft
1 Tasse Sojasprossen

fein gewürfelter Knoblauch
Essig oder Tamarindenwasser
Salz
gehackter Koriander
1 rote Chilischote, in Streifchen
2 Frühlingszwiebeln, in feinen Scheiben
eingelegter Knoblauch

Aus Thailand

Reisnudeln mit Seitan

1 Knoblauchwürfelchen in Essig oder Tamarindenwasser einlegen, leicht salzen, einen Tag ziehen lassen.

2 In einem großen Kochtopf Wasser aufkochen, Reisnudeln zugeben, etwa 3 Minuten köcheln lassen, in ein Sieb abgießen, Nudeln mit einem feuchten Küchentuch zudecken. Etwa 20 Minuten ruhen lassen. Vor dem Servieren in viel Öl knusprig braten.

3 Seitan in Streifen schneiden, in wenig Öl anbraten. Currypaste, Wasser, Essig, Sojasauce und Zucker verrühren, unter den Seitan rühren. Limettensaft und Sojasprossen unterrühren, Reisnudeln untermischen. Anrichten. Mit eingelegtem Knoblauch, Koriander, Chili und Frühlingszwiebeln garnieren.

Tamarindenwasser 1 Esslöffel Tamarindenfruchtmasse mit wenig warmem Wasser auflösen.

für 4 Personen

200 g flache Udon-Nudeln
1 dl / 100 ml Soja- oder Maiskeimöl
4 Knoblauchzehen, gequetscht
100 g Shimeji
100 g Nameko (Stockschwämmchen) oder getrocknete Shiitake
2 EL Sojasauce
2 EL Miso
Salz
frisch gemahlener Pfeffer

einige Zweiglein Mitsuba oder glattblättrige Petersilie, Blättchen abgezupft und gehackt

Udon-Nudeln mit Shimeji

1 Shimeji-Pilzstock in die einzelnen Pilze zerlegen.

2 Udon-Nudeln gemäß Packungsbeschrieb in einem großen Topf im Salzwasser kochen. Einen Suppenschöpfer Wasser für die Sauce entnehmen. Nudeln in ein Sieb abgießen, mit kaltem Wasser abschrecken.

3 Öl in der Bratpfanne bei schwacher Hitze heiß werden lassen, mit dem zerquetschten Knoblauch würzen. Knoblauch entfernen. Shimeji und Nameko zugeben und bei starker Hitze rührbraten, bis die Pilze gar sind, mit wenig Nudelwasser ablöschen. Sojasauce und Miso unterrühren, mit Salz und Pfeffer würzen, ein paar Minuten köcheln lassen. Udon-Nudeln untermischen, erhitzen. Mit Mitsuba garnieren.

52
53

für 4 Personen

300 g dünne Reisnudeln, Sen mee

3 EL Erdnussöl
1 EL fein gewürfelter Knoblauch
3 Frühlingszwiebeln, fein gewürfelt
300 g Tofu, in Streifen
1 TL Chilipulver
2 EL Erdnussöl
300 g Sojasprossen
3 EL Sojasauce
Honig, nach Belieben
½ Tasse gesalzene Erdnüsse oder Pistazien, trocken geröstet

Koriander für die Garnitur
Frühlingszwiebeln für die Garnitur

Aus Thailand

Reisnudeln
mit Tofu, Sprossen und Erdnüssen

1 Reisnudeln 10 Minuten in lauwarmem Wasser einweichen, in ein Sieb abgießen, Nudeln mit einem feuchten Tuch zudecken, 20 Minuten stehen lassen.

2 Knoblauch und Zwiebeln in der Rührbratpfanne oder im Wok im Erdnüssöl braten. Nudeln zugeben, unter Rühren braten. Herausnehmen.

3 Tofustreifen in der Nudelpfanne im Erdnussöl zusammen mit dem Chilipulver anbraten, Reisnudeln zufügen, mischen, aus der Pfanne nehmen.

4 Sojasprossen und einen Teil der Frühlingszwiebeln (Garnitur) in wenig Erdnussöl in der Tofupfanne etwa 3 Minuten dünsten, Sojasauce unterrühren, mit Honig abschmecken.

5 Alle Zutaten mischen und anrichten. Mit Nüssen bestreuen und mit restlichen Frühlingszwiebeln und Koriander garnieren.

für 4 Personen

300 g breite Reisnudeln, Sen yai

1 EL Erdnussöl
1 große Tomate
1 Limette
1 Chilischote, in Ringen
1 große Knoblauchzehe, fein gewürfelt
1 TL Kurkuma
2 EL Kokosnussraspel
2½ dl / 250 ml Kokosnussmilch, cremig

wenig Koriander, Blättchen abgezupft
geröstete Kokosnussraspel

Reisnudeln mit Kokosnuss und Kurkuma

1 Reisnudeln 10 Minuten in lauwarmem Wasser einweichen, zum Abtropfen in ein Sieb geben.

2 Tomate schälen, Stielansatz ausstechen, Tomate vierteln, entkernen, in Würfelchen schneiden.

3 Die Limettenschale mit dem Zestenreißer abziehen, oder die Schale mit dem Sparschäler abschälen, in feine Streifen schneiden, in Wasser blanchieren. Limette großzügig schälen, die weiße Haut entfernen, Frucht in die einzelnen Filets teilen, Limettenfilets klein würfeln, Saft auffangen.

4 Öl in einer weiten Pfanne erhitzen, Tomaten, Chili, Knoblauch, Kurkuma, Kokosraspel und Limettenschale zugeben und andünsten. Limettenwürfelchen mit Saft und Kokosmilch zugeben, erhitzen, Reisnudeln zugeben, bei schwacher Hitze 5 Minuten köcheln lassen.

5 Reisnudeln anrichten, mit Kokosnussraspel und Koriander garnieren.

Mahlzeiten **mit Fleisch oder Fisch**

für 4 Personen	500 g Lammhackfleisch 1 TL Sambal Oelek 1 TL Maisstärke 1 TL Tamarindensaft 2 EL Erdnussöl 1 Knoblauchzehe, fein gewürfelt 2 Frühlingszwiebeln, in feinen Scheiben, Grün in Ringen 1 EL fein gehackter Ingwer 200 g Brunnenkresse oder erntefrischer Spinat, in 2 cm breiten Streifen 200 g Glasnudeln (Cellophan-Nudeln) 2 dl / 200 ml Fleischbrühe oder dünne Kokosnussmilch
Marinade	1 EL Sojasauce 1 EL Tamarinden- oder Limettensaft 1 TL Palmzucker ½ TL Meersalz 1 EL Sherry

Aus Indonesien

Glasnudeln
mit scharfem Hackfleisch

1 Hackfleisch mit Sambal Oelek, Maisstärke und Tamarindensaft in einer Schüssel mischen.

2 Glasnudeln 15 Minuten in heißem Wasser einweichen, in einem Sieb abtropfen lassen, in 5 Teile schneiden.

3 Zutaten für die Marinade verrühren.

4 Öl in der Bratpfanne bei mittlerer Hitze heiß werden lassen, Hackfleisch zugeben und 2 bis 3 Minuten rührbraten, Knoblauch, Frühlingszwiebeln und Ingwer mitbraten. Glasnudeln und Marinade zugeben, 1 Minute rührbraten. Brunnenkresse und Zwiebelgrün unterrühren.

für 4 Personen

400 g Poulet- / Hähnchenbrust
2 EL weißer Essig
4 EL Ananassaft
1 Prise Zucker
2 EL Wasser
1 TL Maisstärke
4 EL Knoblauch-Ingwer-Öl
1 großer Chinakohl, in Streifen
4 Portionen Chinesische Nudeln
Meersalz
½ TL Chinagewürz
3 EL ungesalzene Erdnüsse, gehackt
2–3 EL fein geschnittenes Koriandergrün oder Schnittlauch

Nudeln
mit Poulet und Erdnüssen

1 Fleisch in etwa 5 mm dicke und 5 cm lange Streifen schneiden.

2 Essig, Ananassaft, Zucker, Wasser und Maisstärke glattrühren.

3 2 EL Knoblauch-Ingwer-Öl in einen Wok oder in eine Bratpfanne geben und bei mittlerer Hitze heiß werden lassen (das Öl darf nicht rauchen). Chinakohlstreifen zugeben, 1 Minute rührbraten. Nudeln unterrühren, mit Salz und Chinagewürz würzen, 1 Minute rührbraten. 2 Minuten zugedeckt dünsten. In eine Schüssel umfüllen.

4 Wok / Bratpfanne mit Küchenpapier auswischen. Restliches Öl zugeben, bei mittlerer Temperatur heiß werden lassen. Pouletfleisch zugeben, 2 bis 3 Minuten rührbraten, süßsaure Sauce und Chinakohl-Nudel-Mix zum Fleisch geben, 1 bis 2 Minuten rührbraten. Anrichten, mit Erdnüssen und Kräutern garnieren.

Knoblauch-Ingwer-Öl hausgemacht
Je ½ TL durchgepressten Knoblauch und fein geriebenen Ingwer mit einem neutralen Öl mischen.

für 4 Personen

200 g mitteldicke Reisnudeln, Sen lek
2 EL Erdnussöl
2 Knoblauchzehen, fein gewürfelt
8 geschälte Riesenkrevettten / -garnelen
1 Ei, verquirlt

2 EL Zitronensaft
1½ EL Fischsauce
1 Msp Zucker
2 EL zerstoßene geröstete Erdnüsse
2 EL zerstoßene oder fein gemahlene getrocknete Krevetten / Garnelen
½ TL Chilipulver
1 EL gehackter eingelegter Rettich
40 g Sojasprossen
2 Frühlingszwiebeln, in feinen Scheiben

Koriander für die Garnitur
Zitronenspalten für die Garnitur

AUS THAILAND

GEBRATENE REISNUDELN MIT MEERESFRÜCHTEN

1 Reisnudeln 10 Minuten in lauwarmem Wasser einweichen, in ein Sieb abgießen, Nudeln mit einem feuchten Tuch zudecken, 20 Minuten stehen lassen.

2 Öl in einem Wok erhitzen, Knoblauch darin goldbraun braten. Riesenkrevetten zugeben und rundum anbraten, verquirltes Ei unterrühren, stocken lassen. Eingeweichte Nudeln untermischen. Zitronensaft, Fischsauce, Zucker, die Hälfte der Erdnüsse, Krevetten, Chilipulver, Rettich, 1 Esslöffel Sojasprossen und Frühlingszwiebeln zugeben, 3 Minuten rührbraten, bis die Nudeln gar sind.

3 Reisnudeln anrichten. Restliche Erdnüsse und Sojasprossen darüber verteilen, mit Koriander und Zitronenspalten garnieren.

für 4 Personen

100 g dünne Reisnudeln, z. B. Sen mee oder Cellophan-Nudeln
1 l Rinderbrühe
600 g Rinderhuft, gewürfelt
3 Knoblauchzehen, grob gewürfelt
3 Korianderwurzeln
2 cm Ingwerwurzel
3 Zitronengrasstängel
4 Sternanis
2 EL helle Sojasauce
2 EL Fischsauce (Nuoc mam)
1 TL Zucker
100 g Sojasprossen

fein gewürfelte Frühlingszwiebeln für die Garnitur
gehackter Koriander

Aus Vietnam

Rindfleischeintopf mit Nudeln

1 Reisnudeln 10 Minuten in lauwarmem Wasser einweichen, in ein Sieb abgießen, Nudeln mit einem feuchten Tuch zudecken, 20 Minuten stehen lassen.

2 Rinderbrühe, Rinderhuft, Gewürze und Zucker aufkochen, Fleisch bei schwacher Hitze etwa 30 Minuten köcheln lassen.

3 Reisnudeln und Sojasprossen in eine vorgewärmte große Suppenschüssel geben, Fleisch mit der Brühe zugeben. Die Brühe sollte kochend heiß sein, damit die Nudeln gar werden. Frühlingszwiebeln und Koriander darüberstreuen.

für 4 Personen

300–400 g Somen-Nudeln

2 EL Öl
300 g gehacktes Schweinefleisch
8 Shiitake
2–3 Bund Frühlingszwiebeln
3 EL Sake
3 EL Sojasauce
½ TL Sansho-Pfeffer

Aus Japan

Nudeln mit gebratenem Schweinefleisch und Frühlingszwiebeln

1 Somen-Nudeln in einem großen Topf im Salzwasser gemäß Packungsbeschrieb kochen, in ein Sieb abgießen, mit kaltem Wasser abschrecken.

2 Stiele von den Shiitake entfernen, Hüte fein hacken. Zwiebelgrün in Ringe schneiden, Zwiebeln fein würfeln.

3 Das Öl im Wok oder in der Rührbratpfanne heiß werden lassen, Schweinefleisch und Pilze zugeben, 5 Minuten rührbraten. Zwiebeln und Zwiebelgrün unterrühren, mit Sake und Sojasauce würzen. Somen-Nudeln untermischen, heiß werden lassen und mit Sansho-Pfeffer bestreuen.

für 4 Personen

2 EL Sojaöl oder Sonnenblumenöl
2–3 Knoblauchzehen, in feinen Scheiben
2 EL Sojasauce
400 g Schweinefilet, 2 cm groß gewürfelt
1 TL Gemüsebrühepulver

2 dl / 200 ml Reiswein (Sake) oder Weißwein
1 mittelgroßer Lauch
1 Bund Frühlingszwiebeln
200 g gemischte Pilze, nach Angebot
1 rote Peperoni / Paprikaschote oder Karotte
150 g Sojasprossen
1 TL geriebener Ingwer
wenig Sansho-Pfeffer, Salz
300 g Soba-Nudeln
rote Misopaste
1 rote Chilischote (Togarashi), entkernt, gewürfelt

Soba-Nudeln
mit Schweinefleisch und Sprossen

1 Grobfasrige Teile des Lauch entfernen, Lauchstange in 1 cm dicke Scheiben schneiden. Zwiebelgrün in Röllchen, Zwiebeln in Scheiben schneiden. Peperoni halbieren, Stielansatz, Kerne und weiße Rippen entfernen, Hälften halbieren und quer in Streifen schneiden. Karotte schälen und in Streifen schneiden. Pilze je nach Größe zerkleinern.

2 Knoblauch und Sojasauce im Wok oder in der Bratpfanne im Öl andünsten, das Fleisch zugeben und kräftig anbraten. Topfinhalt in eine Schüssel geben und im Ofen bei 80 °C warm stellen.

3 Gemüsebrühepulver mit Reiswein im Fleischtopf glattrühren, heiß werden lassen. Lauch, Zwiebeln, Zwiebelgrün, Pilze, Peperoni sowie Sprossen mitdünsten, Fleisch untermischen, mit Ingwer, Sansho-Pfeffer und Salz würzen, warm stellen.

4 Soba-Nudeln gemäß Packungsbeschrieb kochen, in ein Sieb abgießen, unter den Eintopf mischen. Mit Miso abschmecken, mit Chiliwürfelchen bestreuen.

für 2 Personen

2 EL Öl
250 g Nudeln, Sen mee, eingeweicht, abgetropft und auseinandergezogen
1 EL helle Sojasauce
1 Knoblauchzehe, fein gewürfelt
100 g Rindfleisch zum Kurzbraten, in feinen Streifen
1 EL Fischsauce
ca. 4 EL Fleischbrühe
1 EL schwarze Bohnensauce
1 TL Mehl
200 g grünes Gemüse, z. B. Frühlingszwiebeln, Spinat, Kefen / Zuckerschoten, grüne Bohnen, Brokkoli
½ TL Palmzucker
1 rote Chilischote, entkernt und fein gewürfelt, oder gehackte Erdnüsse, nach Belieben

Aus China

Nudeln mit Rindfleisch, Gemüse und schwarzen Bohnen

1 Zwiebelgrün in Röllchen, Zwiebeln in Scheiben schneiden. Stielansatz der Kefen abschneiden und gleichzeitig zähen Faden entfernen. Stielansatz der Bohnen abschneiden. Brokkolistiel abschneiden, Stiel schälen und in Stäbchen schneiden. Blume in kleine Röschen teilen.

2 1 EL Öl im Wok oder in der Bratpfanne erhitzen, Nudeln zufügen, rühren, damit sie nicht ankleben. Sojasauce unterrühren, Nudeln 30 bis 60 Sekunden rühren. In einer vorgewärmten Schüssel warm stellen.

3 Restliches Öl erhitzen, Knoblauch goldbraun braten. Rindfleisch zugeben und rühren, bis es Farbe angenommen hat, Fischsauce, Fleischbrühe und schwarze Bohnensauce unterrühren, Sauce mit wenig mit Wasser angerührtem Mehl binden. Gemüse und Zucker zufügen, kurz rühren. Chili oder Erdnüsse über die Nudeln verteilen.

für 2 Personen

3 EL Öl
250 g Nudeln, Sen lek, eingeweicht, abgespült, Stränge auseinandergezogen
1 TL dunkle Sojasauce
1 Knoblauchzehe, fein gewürfelt
100 g mageres Rinderhackfleisch
1 EL eingelegter Rettich, fein gewürfelt
3 EL Fleischbrühe
½ TL Curry
1 kleine Zwiebel, in feinen Scheiben
1 EL Fischsauce
1 TL Maisstärke
1 kleine Frühlingszwiebel, fein gewürfelt
1 Korianderzweig, Blättchen abgezupft und fein geschnitten

Blattsalat

Aus Thailand

Nudeln mit Rinderhackfleisch und Curry

1 Eine Schüssel mit nicht zu fein gezupftem Blattsalat auslegen, beiseite stellen.

2 2 EL Öl im Wok oder in der Pfanne erhitzen, Nudeln zugeben und rasch wenden, um ein Ankleben zu verhindern. Sojasauce zugießen, Nudeln 30 bis 60 Sekunden pfannenrühren. In die vorbereitete Servierschüssel füllen, beiseite stellen.

3 Restliches Öl erhitzen, Knoblauch zugeben und goldbraun braten. Hackfleisch zugeben, bei starker Hitze pfannenrühren, bis es ein wenig gebräunt ist. Rettich, Fleischbrühe, Curry, Zwiebeln und Fischsauce nach und nach zugeben, gut mischen. Maisstärke mit wenig Wasser glattrühren, Flüssigkeit binden. Frühlingszwiebeln und Koriander unterrühren, über die Nudeln verteilen.

für 4 Personen

2 EL Erdnussöl
4 Knoblauchzehen, fein gewürfelt
2 EL geriebener Ingwer
2 rote Chilischoten, entkernt, fein gewürfelt
2 Schalotten, fein gewürfelt
1 Zwiebel, fein gewürfelt
2 Karotten, klein gewürfelt
400 g Rindfleisch zum Schmoren
1 l Gemüse- oder Rinderbrühe
2 EL Chilibohnensauce
1 EL Chilisauce
1 EL dunkle Sojasauce
2 EL Rohrohrzucker
4 EL Maisstärke
350 g flache Udon-Nudeln

Frühlingszwiebeln, fein gewürfelt
Koriandeblättchen, fein geschnitten

Chili-Rindfleisch mit Udon-Nudeln

1 Knoblauch, Ingwer, Chilischoten, Schalotten, Zwiebeln, Karotten und Fleisch im Öl anbraten. Gemüsebrühe, Saucen und Zucker zugeben, aufkochen, Fleisch bei schwacher Hitze 40 bis 50 Minuten köcheln lassen. Fleisch in Streifen schneiden, wieder in die Pfanne geben. Maisstärke mit wenig Wasser glattrühren, unter den Eintopf rühren, Flüssigkeit binden.

2 Udon-Nudeln gemäß Packungsbeschrieb in einem großen Topf im Salzwasser kochen, abgießen.

3 Udon-Nudeln zur Sauce geben. Mit Frühlingszwiebeln und Koriander garnieren.

für 2 Personen

1 EL Öl
1 Knoblauchzehe, fein gewürfelt
1–2 kleine rote oder grüne Chilischoten, entkernt, fein gewürfelt
150 g mageres Schweinefleisch zum Schnellbraten
1 EL Fischsauce
1 EL dunkle Sojasauce
1 TL Zucker
2 Kaffirlimettenblätter, fein gehackt
1 mittelgroße Tomate
100 g Reisnudeln, Sen yai, eingeweicht, abgetropft, auseinandergezogen

1 Korianderzweig, Blättchen abgezupft und gehackt

Nudeln mit würzigem Schweinefleisch und Limettenblättern

1 Tomate schälen, Stielansatz ausstechen, Tomate vierteln und entkernen, in Würfelchen schneiden.

2 Öl im Wok oder in der Bratpfanne erhitzen, Knoblauch darin goldbraun braten. Chilischoten 30 Sekunden mitbraten, Schweinefleisch zugeben und gut anbraten. Nach und nach Fischsauce, Sojasauce, Zucker und Limettenblätter zugeben, immer wieder rühren. Tomatenwürfelchen zugeben, rühren, bis sie zerfallen sind. Nudeln unterrühren, weiterrühren, bis sie gar sind. Mit Koriandergrün garnieren.

für 2 Personen

1 EL Öl
1 Knoblauchzehe, fein gewürfelt
100 g Pouletbrust, in feinen Streifen
1 Ei
1 TL eingelegter Rettich, fein gewürfelt
250 g Reisnudeln, Sen yai, eingeweicht, abgetropft, auseinandergezogen
1 EL helle Sojasauce
1 Prise Zucker
1 EL Fischsauce
1 große Frühlingszwiebel, fein gewürfelt
weißer Pfeffer

diverse Blattsalate, z. B. Römischer Salat / Lattich, je nach Saison
1 Korianderzweig, Blättchen abgezupft und gehackt

Aus Thailand

Gebratene Nudeln mit Huhn

1 Eine Schüssel mit nicht zu fein gezupftem Blattsalat auslegen, beiseite stellen.

2 Öl im Wok oder in der Bratpfanne erhitzen, Knoblauch darin goldbraun braten. Pouletfleisch zugeben und bei starker Hitze rührbaten, Ei unterrühren. Übrige Zutaten nacheinander unter Rühren zugeben.

3 Gebratene Nudeln mit Huhn in die vorbereitete Schüssel geben, mit Koriander garnieren.

für 2 Personen

1 EL Öl
2 Knoblauchzehen, fein gewürfelt
100 g Rindfleisch zum Schnellbraten
1 Ei
250 g Reisnudeln, Sen yai, eingeweicht, abgetropft, auseinandergezogen
100 g Brokkoli oder 1 Spross Stangensellerie
einige Tropfen dunkle Sojasauce
1 EL helle Sojasauce
1 Msp Zucker
2 EL Fischsauce
weißer Pfeffer
Chilipulver

Nudeln mit Rindfleisch und dunkler Sojasauce

1 Brokkolistiel abschneiden, schälen und in Stäbchen schneiden. Blume in Röschen brechen. Sellerie eventuell schälen und in feine Scheiben schneiden.

2 Öl im Wok oder in der Bratpfanne erhitzen, Knoblauch darin goldbraun braten. Rindfleisch zugeben und bei starker Hitze rührbraten, Ei unterrühren. Nudeln zugeben, rasch wenden, damit sie nicht ankleben. Brokkolistäbchen und Röschen untermischen. Sojasaucen, Zucker und Fischsauce unterrühren.

3 Gebratene Nudeln und Rindfleisch in die vorbereitete Schüssel geben, mit weißem Pfeffer sowie Chilipulver abschmecken.

für 4 Personen

300 g Somen-Nudeln
20–24 Venusmuscheln
4 EL Sake
2,3 dl / 230 ml Dashi-Brühe
1 unbehandelte Limette oder Zitrone, feine Schalenstreifchen
Salz
frisch gemahlener Pfeffer

Dashi-Brühe

1 Stück getrockneter Kombu (postkartengroß)
1 l Wasser
1 Handvoll (ca. 20 g) Bonitoflocken

Somen-Nudeln
mit gebratenen Venusmuscheln

1 Für die Dashi-Brühe Kombu und Wasser in einem Topf langsam aufkochen, Kombu herausnehmen, sobald er schwimmt. Wärmequelle ausschalten. Bonitoflocken zugeben und auf den Topfboden sinken lassen. Brühe durch ein feines, mit Küchenpapier ausgelegtes Sieb gießen.

2 Einen Kochtopf voll Wasser aufkochen, Somen-Nudeln zugeben und umrühren, wieder aufkochen, eine Tasse kaltes Wasser zugießen, ein weiteres Mal aufkochen, Nudeln abgießen, beiseite stellen.

3 Venusmuscheln in eine große, gut schließende Schmorpfanne füllen, Sake und Dashi-Brühe zufügen, gut zugedeckt bei starker Hize aufkochen. Sobald die Muscheln geöffnet sind, Somen-Nudeln und Limettenschalen zufügen und umrühren. Mit Salz und Pfeffer abrunden. Auf Suppenschalen verteilen.

für 2 Personen

1 Nest getrocknete Ba-Mee-Eiernudeln
150 g Tintenfischringe oder kleine Sepie, küchenfertig
150 g Weißkabis / -kohl, grob gehackt
1 EL Fischsauce
1 EL helle Sojasauce
1 TL Zucker
2 EL Limettensaft
2 kleine rote Chilischoten, entkernt, fein gewürfelt
2 Frühlingszwiebeln, fein gewürfelt
2 EL geröstete, gemahlene Erdnüsse

Nudeln mit Tintenfischringen

1 Nudeln in einem großen Topf in reichlich Wasser kochen, bis sie weich sind und sich voneinander gelöst haben. Nudeln in ein Sieb geben, mit kaltem Wasser abschrecken.

2 Tintenfischringe oder Sepie in einen Topf geben, mit Wasser bedecken, aufkochen, mit einem Schaumlöffel herausnehmen, abtropfen lassen. Weißkohl im Tintenfischwasser blanchieren, in einem Sieb abtropfen lassen.

3 Nudeln, Weißkohl, Tintenfischringe und restliche Zutaten in einer Schüssel mischen. In Schalen anrichten.

für 3 bis 4 Personen

250 g dünne Eiernudeln
wenig Öl
1 TL Schweinefett / -schmalz

2–3 EL Schweinefett / -schmalz oder Öl
250 g rohe Krevetten / Garnelen
3 Knoblauchzehen, durchgepresst
1 große Zwiebel, in feinen Ringen
150 g zerpflücktes, gegartes Poulet- / Hühnerfleisch
100 g gekochtes Schweinefleisch, in feinen Streifen
150 g Weißkabis- / kohl, in feinen Streifen
3 TL helle Sojasauce
Salz
Pfeffer nach Belieben

Zitronenspalten für die Garnitur

Von den Philippinen

Gebratene Reisnudeln mit zweierlei Fleisch und Gemüse

1 Krevetten in schwach gesalzenem Wasser garen, mit einem Schaumlöffel herausnehmen, abkühlen lassen. 1½ dl / 150 ml Kochwasser aufbewahren. Krevetten schälen, ausnehmen, große Exemplare zerkleinern.

2 Nudeln kurz in warmem Wasser einweichen. In einem großen Topf reichlich Salzwasser aufkochen. Eingeweichte Nudeln abgießen, in das Kochwasser geben, al dente kochen. Abgießen und mit kaltem Wasser abschrecken. Backblech mit Backtrennpapier belegen, Nudeln darauf verteilen, wenig Öl darüberträufeln. Mindestens 30 Minuten trocknen lassen. Schweinefett im Wok sehr heiß werden lassen, Nudeln in Portionen goldbraun braten. Eventuell mehr Fett zugeben. Nudeln herausnehmen.

3 Im Wok im heißen Schweinefett Knoblauch, Zwiebeln, Krevetten, Poulet- und Schweinefleisch nacheinander braten; von allem ein wenig für die Garnitur beiseite legen. Den Rest mit Kohl, Sojasauce und Krevettenkochwasser in den Wok geben und offen fast trocken kochen, die Nudeln zugeben und heiß werden lassen. Anrichten. Mit den zurückbehaltenen Zutaten und den Zitronenspalten garnieren.

für 3 bis 4 Personen

250 g feine Eiernudeln oder Fadennudeln, Wun sen

1 kleines Poulet / Huhn, zerlegt
2–3 Knoblauchzehen, zerkleinert
3 kleine Zwiebeln, fein gewürfelt
1 TL fein gewürfelter Ingwer
1 Msp Krevetten- / Garnelenpaste
2 TL Erdnussöl
1 TL Sesamöl
1 TL Chilipulver
1 TL Salz
2½ dl / 250 ml dünne Kokosnussmilch
2½ dl / 250 ml dicke Kokosnussmilch
1 EL Kichererbsenmehl

Nudeln mit Hühnercurry

1 Knoblauch, Zwiebeln, Ingwer, Krevettenpaste und 1 TL Erdnussöl zu einem Püree mixen. Püree im restlichen Erdnussöl 5 Minuten braten. Pouletteile zugeben und unter Rühren weiterbraten. Chilipulver, Salz und dünne Kokosnussmilch zugeben, 25 bis 30 Minuten köcheln lassen. Wenn das Curry zu trocken ist, etwas heißes Wasser zugeben. Dicke Kokosnussmilch zugießen, unter Rühren langsam erhitzen. Kichererbsenmehl mit wenig Wasser glattrühren, unter das Curry rühren, offen 5 Minuten köcheln lassen. In eine Schüssel geben, warm stellen.

2 Eiernudeln in viel Salzwasser al dente kochen, in ein Sieb abgießen. In einer vorgewärmten Schüssel servieren.

Tipp Zu diesem Essen können verschiedene Beilagen gereicht werden, zum Beispiel gebratene Zwiebelflocken, gehacktes Koriandergrün, Streifen von Frühlingszwiebeln, Zitronenachtel usw.

für 4 Personen

250 g feine Eiernudeln

4 EL Erdnussöl
1 mittelgroße Zwiebel, fein gewürfelt
3 Knoblauchzehen, fein gewürfelt
1 rote Chilischote, entkernt, in Streifchen
1 Msp Krevetten- / Garnelenpaste
1 großes Schweinesteak, klein gewürfelt
250 g rohe Krevetten / Garnelen, geschält, ausgelöst
2 Spross Stangensellerie, in feinen Scheiben
200–300 g Weißkabis / -kohl, fein gehobelt
1 TL Salz
einige Umdrehungen schwarzer Pfeffer
1–2 EL helle Sojasauce

4 Frühlingszwiebeln, Grün in Ringen, Zwiebeln fein gewürfelt
feine Gurkenscheiben

Aus Indonesien

Gebratene Eiernudeln mit Fisch und Fleisch

1 Nudeln kurz in warmem Wasser einweichen. In einem Topf reichlich Salzwasser aufkochen. Nudeln abgießen und ins kochende Wasser geben, al dente kochen. Nudeln abgießen und mit kaltem Wasser abschrecken.

2 Krevetten schälen, ausnehmen, große Exemplare zerkleinern.

3 Im Wok im heißen Öl Zwiebeln, Knoblauch und Chili braten, bis die Zwiebeln weich sind, Krevettenpaste unterrühren, Fleisch und Krevetten zugeben, pfannenrühren, bis beides gar ist. Sellerie, Kabis, Salz und Pfeffer unterrühren, etwa 1 Minute weiterbraten; das Gemüse soll knackig sein. Nudeln untermischen, unter Rühren weiterbraten, bis alles heiß ist. Abrunden mit Sojasauce. Anrichten. Mit Zwiebeln und Gurken garnieren.

für 3 bis 4 Personen

1 EL Schweinefett / -schmalz oder Öl
1 Knoblauchzehe, fein gewürfelt
2 kleine Zwiebeln, in feinen Scheiben
2 rote Chilischoten, entkernt, klein gewürfelt
100 g gegrilltes Schweinefleisch
150 g rohe Krevetten / Garnelen, geschält
150 g kleine Tintenfische, nach Belieben
2 Handvoll Bohnensprossen

1 EL Schweinefett / -schmalz oder Öl
500 g frische Reisnudeln
1 EL dunkle Sojasauce
1 EL helle Sojasauce
1 TL Austernsauce
1 Ei, verquirlt
Pfeffer, Salz

2 Frühliungszwiebeln, fein gewürfet

Gebratene Reisnudeln

1 Reisnudeln in Stücke, Fleisch in feine Scheiben schneiden. Tintenfisch gut säubern und dünn aufschneiden.

2 Im Wok Fett oder Öl erhitzen, Knoblauch, Zwiebeln und Chili zugeben und bei mittlerer Hitze weichdünsten. Fleisch, Krevetten und Tintenfisch zugeben, 2 bis 3 Minuten braten, bis alles gar ist. Bohnensprossen zugeben, einige Male wenden. Wokinhalt in eine Schüssel geben.

3 Für die Nudeln Fett oder Öl im Wok heiß werden lassen, Reisnudeln zugeben und pfannenrühren, bis sie heiß sind. Saucen unterrühren. Ei unterrühren und stocken lassen. Fleisch und Fisch untermischen. Mit den Frühlingszwiebeln garnieren. Heiß servieren.

Tipp Frische Nudeln sind in Chinaläden und Asia-Shops erhältlich.

für 6 Personen

2 EL Erdnussöl
2 mittelgroße Zwiebeln, fein gewürfelt
2 rote Chilischoten, entkernt, in Streifchen
4 Knoblauchzehen, fein gewürfelt
2 TL frisch geriebener Ingwer
2 TL Korianderpulver
1 TL Kreuzkümmelpulver
1 TL Kurkumapulver
1 TL schwarzer Pfeffer
½ TL Laos-Pulver (gemahlene Galgant- / Galangawurzel)
2 Zitronengrasstängel, nur das Herz, oder
1 TL fein gehackte Zitronenschale
1 Msp Krevetten- / Garnelenpaste
150 g Rindfleisch, klein gewürfelt
1 l Rindfleischbrühe
½ l Kokosnussmilch, cremig
2½ TL Salz
2 große Kartoffeln
250 g grüne Bohnen
500 g Weißkabis / -kohl
130 g Reis-Vermicelli

Zitronensaft nach Belieben

Aus Indonesien

Kokosnussmilchgemüse mit Curry

1 Reis-Vermicelli in warmem Wasser einweichen. In einem Sieb abtropfen lassen.

2 Kartoffeln schälen und in Würfelchen schneiden, Stielansatz der Bohnen abschneiden, Bohnen in 1 bis 2 cm lange Stücke schneiden. Kabis in Streifen schneiden.

3 In einem großen Topf oder im Wok Erdnussöl erhitzen, Zwiebeln und Chili zugeben, unter Rühren bei mittlerer Hitze 4 bis 5 Minuten braten, bis die Zwiebeln weich sind. Knoblauch und Ingwer unterrühen, etwa 1 Minute rührbraten. Gewürze inklusive Krevettenpaste zugeben, 1 Minute rührbraten. Fleisch zugeben, 3 bis 4 Minuten rührbraten. Fleischbrühe, Kokosnussmilch und Salz zugeben, bei mittlerer Hitze aufkochen. Kartoffeln und Bohnen zugeben, köcheln lassen, bis beides gar ist. Kabis und Reis-Vermicelli unterrühren, weitere 2 bis 3 Minuten köcheln lassen. Mit Zitronensaft abschmecken.

für 4 bis 6 Personen	1 EL Öl 500 g Poulet- / Hühnerfleisch 2 Frühlingszwiebeln, in feinen Ringen 2 EL Fischsauce 1 EL helle Sojasauce 1 Msp schwarzer Pfeffer 1¼ dl / 125 ml Geflügelbrühe 125 g Cellophan-Nudeln, Fadennudeln Wun sen
Salat	2 reife Fleischtomaten 2 mittelgroße Zwiebeln Gurkenstreifen Obstessig oder Zitronensaft Zucker Salz, Pfeffer

Cellophan-Nudeln mit Geflügel

1 Pouletfleisch von Haut und Knochen befreien, Fleisch in breite Streifen schneiden.

2 Pouletknochen mit ½ l Wasser aufkochen, 20 bis 30 Minuten köcheln lassen, durch ein feines Sieb passieren, Brühe auffangen.

3 Cellophan-Nudeln 10 Minuten in warmem Wasser quellen lassen, in ein Sieb abgießen, in mundgerechte Stücke schneiden.

4 Stielansatz der Tomaten ausstechen, Tomaten in Scheiben schneiden. Zwiebeln in feine Ringe schneiden. Tomaten, Zwiebeln und Gurkenstreifen mit Essig, Zucker, Salz und Pfeffer würzen.

5 Den Wok aufheizen, Öl zugeben und die Innenseite durch Bewegen mit einem Ölfilm überziehen. Pouletfleisch und Zwiebeln zugeben und 2 bis 3 Minuten rührbraten, Fisch- und Sojasauce, Pfeffer und Geflügelbrühe zugeben, erhitzen, 3 Minuten köcheln lassen. Nudeln zugeben, erhitzen, unter Rühren 3 Minuten köcheln lassen.

Register